www.ingramcontent.com/pod-product-compliance
Lightning Source LLC
LaVergne TN
LVHW010419070526
838199LV00064B/5348
9789358727425

ستارا زمین پر

(شاعری)

جمال احسانی

© Taemeer Publications LLC

Sitara Zameen par (Poetry)

by: Jamal Ehsani

Edition: May '2024

Publisher :

Taemeer Publications LLC (Michigan, USA / Hyderabad, India)

ISBN 978-93-5872-742-5

9 789358 727425

مصنف یا ناشر کی پیشگی اجازت کے بغیر اس کتاب کا کوئی بھی حصہ کسی بھی شکل میں بشمول ویب سائٹ پر اَپ لوڈنگ کے لیے استعمال نہ کیا جائے۔ نیز اس کتاب پر کسی بھی قسم کے تنازع کو نمٹانے کا اختیار صرف حیدرآباد (تلنگانہ) کی عدلیہ کو ہوگا۔

© جمال احسانی

کتاب	:	**ستارا زمین پر** (غزلیں)
مصنف	:	**جمال احسانی**
جمع و ترتیب	:	اعجاز عبید
صنف	:	شاعری
ناشر	:	تعمیر پبلی کیشنز (حیدرآباد، انڈیا)
سالِ اشاعت	:	۲۰۲۴ء
صفحات	:	۴۰
سرورق ڈیزائن	:	تعمیر ویب ڈیزائن

فہرست (غزلیں)

رہنا نہیں اگرچہ گوارا زمین پر
کسی بھی دشت، کسی بھی نگر چلا جاتا
ہونے کی گواہی کے لئے خاک بہت ہے
سلوک ناروا کا اس لیے شکوہ نہیں کرتا
جو تو گیا تھا تو تیرا خیال رہ جاتا
ایک فقیر چلا جاتا ہے پکّی سڑک پر گاؤں کی
وہ لوگ میرے بہت پیار کرنے والے تھے
عمر گزری جس کا رستہ دیکھتے
یہ سانحہ میرے وہم و گمان میں بھی نہ تھا
کب پاوں فگار نہیں ہوتے، کب سر میں دھول نہیں ہوتی
جب کبھی خواب کی اُمید بندھا کرتی ہے
جسے بھی ہوں ادب آداب دیکھ سکتا ہے
دل و نگاہ میں پھر ذکر چھڑ گیا اُس کا

عشق میں خود سے محبت نہیں کی جا سکتی

ہے جس کے ہات میں پتھر اُسے گماں بھی نہیں

ذرا سی بات پہ دل سے بگاڑ آیا ہوں

عقدہ کشائیِ وجود، یوں ہے محال بھی مجھے

تمام ارض و سما کو گواہ کرتے ہوئے

بجز چراغ کسی اور کو خبر کیا ہے؟

چراغ سامنے والے مکان میں بھی نہ تھا

بکھر گیا ہے جو موتی پرونے والا تھا

کبھی کبھار عجب وقت آن پڑتا ہے

قرار دل کو سدا جس کے نام سے آیا

کوئی پُرساں ہی نہ ہم دل زدگاں کا نکلا

کوئی بھی شکل ہو یا نام، کوئی یاد نہ تھا

یہ شہر اپنے حریفوں سے ہارا تھوڑی ہے

دھرتی بھی آسماں کے برابر خراب ہے

ٹوٹتے تارے (نظم)

رہنا نہیں اگرچہ گوارا زمین پر
لیکن اِک آدمی ہے ہمارا زمین پر

طُرفہ کہ رمِ گریہ و زاری بھی اُٹھ گئی
مشکل تو پہلے ہی تھا گزارا زمین پر

بھٹکے ہوؤں کو راہ دِکھانے کو کم نہیں
ٹُوٹے ہوئے دِیے کا کنارا زمین پر

اس کی نظر بدلنے سے پہلے کی بات ہے
میں آسمان پر تھا، ستارا زمین پر

باقی تو جو بھی کچھ ہے اضافی ہے سب یہاں
اِک آنکھ ہے اور ایک نظارا زمین پر

دیکھا نگاہ بھر کے مجھے اس نے پھر جمال
روشن کیا چراغ، دوبارا زمین پر

***

کسی بھی دشت، کسی بھی نگر چلا جاتا
میں اپنے ساتھ ہی رہتا جدھر چلا جاتا

وہ جس منڈیر پہ چھوڑ آیا اپنی آنکھیں میں
چراغ ہوتا تو لو بھول کر چلا جاتا

اگر میں کھڑکیاں، دروازے بند کر لیتا
تو گھر کا بھید سرِ رہ گزر چلا جاتا

مرا مکاں مری غفلت سے بچ گیا ورنہ
کوئی چرا کے مرے بام و در چلا جاتا

تھکن بہت تھی مگر سایۂ شجر میں جمال
میں بیٹھتا تو مرا ہم سفر چلا جاتا

***

ہونے کی گواہی کے لئے خاک بہت ہے
یا کچھ بھی نہیں ہونے کا ادراک بہت ہے

اک بھولی ہوئی بات ہے اک ٹوٹا ہوا خواب
ہم اہل محبت کو یہ املاک بہت ہے

کچھ دربدری راس بہت آئی ہے مجھ کو
کچھ خانہ خرابوں میں مری دھاک بہت ہے

پرواز کو پر کھول نہیں پاتا ہوں اپنے
اور دیکھنے میں وسعت افلاک بہت ہے

کیا اس سے ملاقات کا امکاں بھی نہیں اب
کیوں ان دنوں میلی تری پوشاک بہت ہے

آنکھوں میں ہیں محفوظ ترے عشق کے لمحات
دریا کو خیال خس و خاشاک بہت ہے

نادم ہے بہت تو بھی جمال اپنے کئے پر
اور دیکھ لے وہ آنکھ بھی نمناک بہت ہے

***

سلوک ناروا کا اس لیے شکوہ نہیں کرتا
کہ میں بھی تو کسی کی بات کی پرواہ نہیں کرتا

بہت ہوشیار ہوں اپنی لڑائی آپ لڑتا ہوں
میں دل کی بات کو دیوار پہ لکھا نہیں کرتا

اگر پڑ جائے عادت آپ اپنے ساتھ رہنے کی
یہ ساتھ ایسا ہے کہ انسان کو تنہا نہیں کرتا

زمیں پیروں سے کتنی بار ایک دن میں نکلتی ہے
میں ایسے حادثوں پہ دل مگر چھوٹا نہیں کرتا

تیرا اصرار سر آنکھوں پر تجھ کو بھول جانے کی
میں کوشش کر کے دیکھوں گا مگر وعدہ نہیں کرتا

✳ ✳ ✳

جو تو گیا تھا تو تیرا خیال رہ جاتا
ہمارا کوئی تو پُرسانِ حال رہ جاتا

بُرا تھا یا وہ بھلا، لمحۂ محبت تھا
وہیں پہ سلسلہ ماہ و سال رہ جاتا

بچھڑتے وقت ڈھلکتا نہ گر اُن آنکھوں سے
اُس ایک اشک کا کیا کیا ملال رہ جاتا

تمام آئینہ خانے کی لاج رہ جاتی
کوئی بھی عکس اگر بے مثال رہ جاتا

گر امتحانِ جنوں میں نہ کرتے قیس کی نقل
جمالؔ سب سے ضروری سوال رہ جاتا

***

ایک فقیر چلا جاتا ہے پکّی سڑک پر گاؤں کی
آگے راہ کا سناٹا ہے پیچھے گونج کھڑاؤں کی

آنکھوں آنکھوں ہریالی کے خواب دکھائی دینے لگے
ہم ایسے کئی جاگنے والے نیند ہوئے صحراؤں کی

اپنے عکس کو چھونے کی خواہش میں پرندہ ڈوب گیا
پھر کبھی لوٹ کر آئی نہیں دریا پر گھڑی دعاؤں کی

ڈار سے بچھڑا ہوا کبوتر، شاخ سے ٹوٹا ہوا گلاب
آدھا دھوپ کا سرمایہ ہے، آدھی دولت چھاؤں کی

اُس رستے پر پیچھے سے اتنی آوازیں آئیں جمال
ایک جگہ تو گھوم کے رہ گئی ایڑی سیدھے پاؤں کی

* * *

وہ لوگ میرے بہت پیار کرنے والے تھے
گزر گئے ہیں جو موسم گزرنے والے تھے

نئی رُتوں میں دکھوں کے بھی سلسلے ہیں نئے
وہ زخم تازہ ہوئے ہیں جو بھرنے والے تھے

یہ کس مقام پہ سوجھی تجھے بچھڑنے کی
کہ اب تو جا کہ کہیں دن سنورنے والے تھے

ہزار مجھ سے وہ پیمانِ وصل کرتا رہا
پر اُس کے طور طریقے مکرنے والے تھے

تمہیں تو فخر تھا شیرازہ بندیِ جاں پر
ہمارا کیا ہے کہ ہم تو بکھرنے والے تھے

تمام رات نہایا تھا شہر بارش میں
وہ رنگ اُتر ہی گئے جو اُترنے والے تھے

اُس ایک چھوٹے سے قصبے پہ ریل ٹھیری نہیں
وہاں بھی چند مُسافر اُترنے والے تھے

***

عمر گزری جس کا رستہ دیکھتے
آ بھی جاتا وہ تو ہم کیا دیکھتے

کیسے کیسے موڑ آئے راہ میں
ساتھ چلتے تو تماشا دیکھتے

قریہ قریہ جتنا آوارہ پھرے
گھر میں رہ لیتے تو دنیا دیکھتے

گر بہا آتے نہ دریاؤں میں ہم
آج ان آنکھوں سے صحرا دیکھتے

خود ہی رکھ آتے دیا دیوار پر
اور پھر اس کا بھڑکنا دیکھتے

جب ہوئی تعمیرِ جسم و جاں تو لوگ
ہاتھ کا مٹی میں کھونا دیکھتے

دو قدم چل آتے اس کے ساتھ ساتھ

جس مسافر کو اکیلا دیکھتے

اعتبار اٹھ جاتا آپس کا جمال
لوگ اگر اس کا بچھڑنا دیکھتے

٭ ٭ ٭

یہ سانحہ میرے وہم و گمان میں بھی نہ تھا
چراغ سامنے والے مکان میں بھی نہ تھا

جو پہلے روز سے دو آنگنوں میں تھا حائل
وہ فاصلہ تو زمین و آسمان میں بھی نہ تھا

جمال پہلی شناسائی کا وہ اک لمحہ
اسے بھی یاد نہ تھا میرے دھیان میں بھی نہ تھا

٭٭٭

کب پاؤں فگار نہیں ہوتے، کب سر میں دھول نہیں ہوتی
تیری راہ پہ چلنے والوں سے لیکن کبھی بھول نہیں ہوتی

سر کوچہ عشق آ پہنچے ہو لیکن ذرا دھیان رہے یہاں
کوئی نیکی کام نہیں آتی، کوئی دعا قبول نہیں ہوتی

ہر چند اندیشہ جاں ہے بہت، لیکن اس کار محبت میں
کوئی پل بیکار نہیں جاتا، کوئی بات فضول نہیں ہوتی

تیرے وصل کی آس بدلتے ہوئے، تیرے ہجر کی آگ میں جلتے ہوئے
کب دل مصروف نہیں رہتا، کب جاں مشغول نہیں ہوتی

ہر رنگ جنوں بھرنے والو! شب بیداری کرنے والو!
ہے عشق وہ مزدوری جس میں محنت وصول نہیں ہوتی

***

جب کبھی خواب کی اُمید بندھا کرتی ہے
نیند آنکھوں میں پریشان پھرا کرتی ہے

یاد رکھنا ہی محبت میں نہیں ہے سب کچھ
بھول جانا بھی بڑی بات ہوا کرتی ہے

دیکھ بے چارگیِ کوئے محبت کوئی دم
سائے کے واسطے دیوار دعا کرتی ہے

صورتِ دل بڑے شہروں میں رہِ یک طرفہ
جانے والوں کو بہت یاد کیا کرتی ہے

دو اُجالوں کی ملاقاتی ہوئی اک راہگزر
بے چراغی کے بڑے رنج سہا کرتی ہے

***

جسے بھی ہوں ادب آداب دیکھ سکتا ہے
کوئی بھی شخص تِرے خواب دیکھ سکتا ہے

وہ جس نے دیکھ لیا ہے اسے نظر بھر کے
پسِ چراغ و تہِ آب دیکھ سکتا ہے

یہ کہہ کے اِذنِ سفر دے دیا گیا مجھکو
کہ تو ستارے کو مہتاب دیکھ سکتا ہے

دعا و اشک کی گٹھڑی سنبھال کر رکھنا
کسی بھی وقت وہ اسباب دیکھ سکتا ہے

***

پھر ایک سایہ در و بام پر اُتر آیا
دل و نگاہ میں پھر ذکر چھڑ گیا اُس کا

کسے خبر تھی کہ یہ دن بھی دیکھنا ہوگا
اب اعتبار بھی دل کو نہیں رہا اُس کا

جو میرے ذکر پہ اب قہقہے لگاتا ہے
بچھڑتے وقت کوئی حال دیکھتا اُس کا

مجھے تباہ کیا اور سب کی نظروں میں
وہ بے قصور رہا، یہ کمال تھا اُس کا

سو کس سے کیجے ذکرِ نزاکتِ خدوخال
کوئی ملا ہی نہیں صورت آشنا اُس کا

جو سایہ سایہ شب و روز میرے ساتھ رہا
گلی گلی میں پتہ پوچھتا پھرا اُس کا

جمالؔ اُس نے تو ٹھانی تھی عمر بھر کے لئے
یہ چار روز میں کیا حال ہو گیا اُس کا

***

عشق میں خود سے محبت نہیں کی جا سکتی
پر کسی کو یہ نصیحت نہیں کی جا سکتی

کنجیاں خانۂ ہمسایہ کی رکھتے کیوں ہو
اپنے جب گھر کی حفاظت نہیں کی جا سکتی

کچھ تو مشکل ہے بہت کارِ محبت اور کچھ
یار لوگوں سے مشقت نہیں کی جا سکتی

طائرِ یاد کو کم تھا شجرِ دل ورنہ
بے سبب ترکِ سکونت نہیں کی جا سکتی

اک سفر میں کوئی دو بار نہیں لُٹ سکتا
اب دوبارہ تری چاہت نہیں کی جا سکتی

کوئی ہو بھی تو ذرا چاہنے والا تیرا
راہ چلتوں سے رقابت نہیں کی جا سکتی

آسماں پر بھی جہاں لوگ جھگڑتے ہوں جمالؔ
اُس زمیں کے لئے ہجرت نہیں کی جا سکتی

***

ہے جِس کے ہات میں پتھر اُسے گماں بھی نہیں
کہ فکرِ آئینۂ جسم و جاں، یہاں بھی نہیں

جو بات تیری نظر میں ہے اور مِرے دل میں
اگر زباں پہ نہ آئے تو رائیگاں بھی نہیں

اب اُس نے وقت نکالا ہے حال سُننے کو
بیان کرنے کو جب کوئی داستاں بھی نہیں

وہ دل سے سرسری گزرا، کرم کیا اُس نے
کہ رہنے کا متحمّل تو یہ مکاں بھی نہیں

زمیں پیروں سے نکلی تو یہ ہوا معلوم
ہمارے سر پہ کئی دن سے آسماں بھی نہیں

سفر میں چلتے نہیں عام زندگی کے اُصول
وہ ہمقدم ہے مِرا جو مزاج داں بھی نہیں

نہیں پسند کوئی بے توجہی اُس کو

اور اپنے چاہنے والوں پہ مہرباں بھی نہیں

مِرے ہی گھر میں اندھیرا نہیں ہے صرف جمالؔ
کوئی چراغ فروزاں کسی کے ہاں بھی نہیں

***

ذرا سی بات پہ دل سے بگاڑ آیا ہوں
بنا بنایا ہوا گھر اجاڑ آیا ہوں

وہ انتقام کی آتش تھی میرے سینے میں
ملا نہ کوئی تو خود کو پچھاڑ آیا ہوں

میں اس جہان کی قسمت بدلنے نکلا تھا
اور اپنے ہاتھ کا لکھا ہی پھاڑ آیا ہوں

اب اپنے دوسرے پھیرے کے انتظار میں ہوں
جہاں جہاں مرے دشمن ہیں تاڑ آیا ہوں

میں اُس گلی میں گیا اور دل و نگاہ سمیت
جمال جیب میں جو کچھ تھا جھاڑ آیا ہوں

٭٭٭

عقدہ کشائیِ وجود، یوں ہے محال بھی مجھے
رکھنا ہے راز آتش و آب و سفال بھی مجھے

ردِ گماں کے واسطے اپنا کوئی ثبوت دے
اور مدارِ جسم سے آ کے نکال بھی مجھے

ہوتے رہے ہیں عمر بھر کام دعاؤں سے مگر
کرتا رہا بہت خراب ایک سوال بھی مجھے

ٹُوٹ گئے سبھی بھرم، کیسا وجود، کیا عدم
اب نہ سنبھال پائے گا تیرا خیال بھی مجھے

عرصۂ کار زار میں آج کسی کے وار سے
جان بچانے کا ہوا کتنا ملال بھی مجھے

اے نگہِ ستارہ جُو دیکھ کے ملتفت تجھے
آج بہت نڈھال ہوں، آج سنبھال بھی مجھے

میں کسی اور رنگ میں، تُو کسی اور امنگ میں
گزرا ہے کس قدر گراں، تیرا وصال بھی مجھے

***

تمام ارض و سما کو گواہ کرتے ہوئے
کوئی گزر گیا مجھ پر نگاہ کرتے ہوئے

جو بوجھ اپنے نہیں وہ بھی ڈھونے پڑتے ہیں
اس آب و خاک سے مجھ کو نباہ کرتے ہوئے

میں چُپ کھڑا ہوں یہاں اور گزرتا جاتا ہے
کوئی سوال، کوئی انتباہ، کرتے ہوئے

جہانِ اجر و سزا میں بجُز دل آزاری
میں سوچتا نہیں کوئی گناہ کرتے ہوئے

جو حرف چاہتا ہوں، لکھ نہیں سکا اب تک
زمانہ ہو گیا کاغذ سیاہ کرتے ہوئے

دماغ نے کہاں مانی کبھی فقیر کی بات
یہ دل ڈرا تھا اے بادشاہ کرتے ہوئے

اب اس پہ ترکِ مراسم کے وقت غور نہ کر
جو بات سوچنی تھی رسم و راہ کرتے ہوئے

***

بجُز چراغ کسی اور کو خبر کیا ہے؟
یہ شام ہونے سے پہلے ہوا کا ڈر کیا ہے

نہ میں ہی کُھلتا ہوں تجھ پر نہ تو عیاں مجھ پر
ترے سوا ترے اقرار سے ادھر کیا ہے

میں اک سوال سے نکلوں تو دوسرے میں رہوں
مرے علاوہ بھی کچھ ہے یہاں، مگر کیا ہے؟

مگر یہ بات میں ہمسائے سے نہیں کہتا
کہ یہ اہانتِ دیوار و در ہے، گھر کیا ہے

ہر ایک گوشۂ کون و مکاں کی سیر کے بعد
جو اپنی سمت نہ لے آئے وہ سفر کیا ہے

خیال آیا مجھے گردشِ زمیں سے جمال
کہیں پہنچنے کی کوشش ہے، رہگزر کیا ہے

****

چراغ سامنے والے مکان میں بھی نہ تھا
یہ سانحہ مرے وہم و گمان میں بھی نہ تھا

جو پہلے روز سے دو آنگنوں میں تھا حائل
وہ فاصلہ تو زمین و آسمان میں بھی نہ تھا

یہ غم نہیں کہ ہم دونوں ایک ہو نہ سکے
یہ رنج ہے کہ کوئی درمیان میں بھی نہ تھا

ہوا نہ جانے کہاں لے گئی وہ تیر کہ جو
نشانے پر بھی نہ تھا اور گمان میں بھی نہ تھا

جمال پہلی شناسائی کا وہ اک لمحہ
اسے بھی یاد نہ تھا میرے دھیان میں بھی نہ تھا

٭٭٭

بکھر گیا ہے جو موتی پرونے والا تھا
وہ ہو رہا ہے یہاں جو نہ ہونے والا تھا

اور اب یہ چاہتا ہوں کوئی غم بٹائے میرا
میں اپنی مٹّی کبھی آپ ڈھونے والا تھا

ترے نہ آنے سے دل بھی نہیں دُکھا شاید
وگرنہ کیا میں سرِ شام سونے والا تھا

ملا نہ تھا پہ بچھڑنے کا رنج تھا مجھ کو
جلا نہیں تھا مگر راکھ ہونے والا تھا

ہزار طرح کے تھے رنج پچھلے موسم میں
پر اتنا تھا کہ کوئی ساتھ رونے والا تھا

***

کبھی کبھار عجب وقت آن پڑتا ہے
نہ یاد پڑتا ہے کوئی نہ دھیان پڑتا ہے

برہنگی ہے کچھ ایسی کہ جسم ڈھانپنے کو
زمیں کے واسطے کم آسمان پڑتا ہے

یہ جانتے ہوئے بھی دھوپ میں قیام کیا
ذرا سے فاصلے پر سائبان پڑتا ہے

کسی زمانے میں منزل کے پاس ہوتا تھا
وہ سنگِ میل جو اب درمیان پڑتا ہے

نہ کم سمجھ سفر عمرِ یک نفس کو جمالؔ
اِس ایک راہ میں سارا جہان پڑتا ہے

***

قرار دل کو سدا جس کے نام سے آیا
وہ آیا بھی تو کسی اور کام سے آیا

کسی نے پوچھا نہیں لَوٹتے ہوئے مجھ سے
میں آج کیسے بھلا گھر میں شام سے آیا

ہم ایسے بے ہنروں میں ہے جو سلیقہ ء زیست
تیرے دیار میں پل بھر قیام سے آیا

جو آسماں کی بلندی کو چھونے والا تھا
وہی منارہ زمیں پر دھڑام سے آیا

میں خالی ہات ہی جا پہنچا اُس کی محفل میں
مرا رقیب بڑے انتظام سے آیا

***

کوئی پُرساں ہی نہ ہم دل زدگاں کا نکلا
شہر کا شہر اُسی دشمنِ جاں کا نکلا

نئی بستی میں سبھی لوگ پُرانے نکلے
ہم جہاں کے تھے کوئی بھی نہ وہاں کا نکلا

زیست خمیازہ ء ادراک ہے اور کچھ بھی نہیں
پسِ ہر سنگ اِک آئینہ زیاں کا نکلا

دل عبث آرزوئے خاک میں پہنچا تہہِ آب
عکس تک سروِ سرِ موجِ رواں کا نکلا

زینہ ء ذات پہ دزدانہ قدم رکھتا ہوا
قافلہ کس کے تعقب میں گماں کا نکلا

چارہ سازوں میں تھی اک چشم ندامت آثار
یہ مسیحاؤں میں بیمار کہاں کا نکلا

خس و خاشاکِ رہِ عشق ہوئے تو ہم سے

اور اِک رشتہ نسیمِ گزراں کا نکلا

تیرا انجام ہوا جو، وہی ہونا تھا جمالؔ
اس جہاں میں تُو کسی اور جہاں کا نکلا

***

کوئی بھی شکل ہو یا نام، کوئی یاد نہ تھا
عجیب شام تھی، اُس شام کوئی یاد نہ تھا

جنہیں پلٹنے کی فرصت نہیں رہی وہ لوگ
گھروں سے نکلے تھے تو کام کوئی یاد نہ تھا

ستارہ ء سفر اپنے بچھڑنے والوں کو
پکارتا رہا گو نام کوئی یاد نہ تھا

تری گلی ہی نہیں تیرے شہر تک کو بھی
ہم ایسا صاحبِ آرام کوئی یاد نہ تھا

متاعِ عمر ہوئی خرچ اور بتاتے ہوئے
نہ وہ دریچہ نہ وہ بام کوئی یاد نہ تھا

***

یہ شہر اپنے حریفوں سے ہارا تھوڑی ہے
یہ بات سب پہ مگر آشکارا تھوڑی ہے

ترا فراق تو رزقِ حلال ہے مجھ پر
یہ پھل پرائے شجر سے اتارا تھوڑی ہے

جو عشق کرتا ہے چلتی ہوا سے لڑتا ہے
یہ جھگڑا صرف ہمارا تمہارا تھوڑی ہے

درِ نگاہ پہ اس کے جو ہم نے عمر گنوائی
یہ فائدہ تو مری جاں خسارہ تھوڑی ہے

یہ لوگ تجھ سے ہمیں دور کر رہے ہیں مگر
ترے بغیر ہمارا گزارہ تھوڑی ہے

جمال آج تو جانے کی مت کرو جلدی
کہ پھر نصیب یہ صحبت دوبارہ تھوڑی ہے

٭٭٭

دھرتی بھی آسماں کے برابر خراب ہے
چادر ہے جیسی ویسا ہی بستر خراب ہے

اس کائناتِ خواہش و امکاں سے اس طرف
منظر ہے ایک اور وہ منظر خراب ہے

آگاہ میں چراغ جلاتے ہی ہو گیا
دنیا مرے حساب سے بڑھ کر خراب ہے

بیدار بھی ہو نیند سے چارہ گرِ جہاں
حالت ترے مریض کی یکسر خراب ہے

ایسی جگہ اسیر نفس کو رکھا گیا
دیوار سے زیادہ جہاں در خراب ہے

اس کے لیے ہی آئے گی آئی اگر بہار
وہ پھول جو کہ باغ سے باہر خراب ہے

نازک اگر نہیں ہے تو شیشہ ہے بے جواز

بھاری اگر نہیں ہے تو پتھر خراب ہے

دنیائے پُر کشش بھی ہے ہر سُو کھڑی ہوئی
نیت بھی آدمی کی سراسر خراب ہے

آنکھوں سے اب وہ خواب کو نسبت نہیں رہی
اک عمر ہو گئی یہ سمندر خراب ہے

تاریخ سے محال ہے لانا مثال کا
یہ عہد اپنی روح کے اندر خراب ہے

یہ بات بھی چھپی نہ رہے گی بہت کہ میں
اتنا نہیں ہوں جتنا مقدر خراب ہے

کچھ ہاتھ خواب میں تھے گریبان پر مرے
اک شب خیال آیا تھا یہ گھر خراب ہے

بسنے نہیں سیر کی خاطر چلو جمال
ایک اور شہر چند قدم پر خراب ہے

٭٭٭

ٹوٹتے تارے

نقش پا ڈھونڈتے رہو تمنا میں کہاں
یہاں موجودگی خاک غنیمت جانو

وہ جس سفر پہ گیا ہے اگر پلٹ آیا
گمان ہے کہ لے آئے گا چشم و لب میرے

کمال اس نے کیا اور میں نے حد کر دی
کہ خود بدل گیا اس کی نظر بدلنے تک

یاد رکھنا ہی محبت میں نہیں ہے سب کچھ
بھول جانا بھی بڑی بات ہوا کرتی ہے

برا تھا یا وہ بھلا لمحہ محبت تھا
وہیں پہ سلسلہ ماہ و سال رہ جاتا

زمیں پیروں سے کتنی بار اک دن میں نکلتی ہے

میں ایسے حادثوں پر دل مگر چھوٹا نہیں کرتا

میں سب کو تو دکھ درد سنانے سے رہا
اک شخص ہے سو وہ کبھی تنہا نہ ملا

کوئی بھی شخص اکیلا نہیں تھا ساحل پر
کسی کو ڈوبنے والا اشارہ کیا کرتا

خموشی جرم کا اقرار بننے والی تھی
جواب دینا پڑا وہ سوال ایسا تھا

کسی کا حل کسی کا مسئلہ ہے
محبت اپنا اپنا تجربہ ہے

مرا ابھی چاہنے والا تھا کوئی
وہ بچھڑا ہے تو اندازہ ہوا ہے

ذرا اس کرب کا اندازہ کیجئے
میں اپنے آپ کو پہچانتا ہوں

چڑھتے ہوئے سورج کی پرستش ہی پہ موقوف نہیں
صبح کے وقت تو ہر چیز خدا لگتی ہے

یہ بچھڑنے کا سماں سب کچھ نہیں
اس سے آگے ایک منظر اور ہے

ناکامیوں سے عشق کی حد تک لگاؤ تھا
ہم نے ترے حصول کو مقصد بنا لیا

کچھ اور پرکشش و دلنشیں وہ لگتا ہے
جمال مل کے تو دیکھو قریب شام اس سے

* * *